Todos los libros de Linkgua Ediciones cuentan con modelos de Inteligencia Artificial entrenados por hispanistas. Pregúntale al chat de tu libro lo que desees acerca de la obra o su autor/a.

Para **ebooks**: Accede a nuestro modelo de IA a través de este enlace.

Para **libros impresos**: Escanea el código QR de la portada con tu dispositivo móvil.

Obtén análisis detallados de nuestros libros, resúmenes, respuestas a tus preguntas y accede a nuestras ediciones críticas generativas para una experiencia de lectura más enriquecedora.
La transparencia y el respeto hacia la autoría de las fuentes utilizadas son distintivos básicos de nuestro proyecto. Por ello, las respuestas ofrecen, mediante un sistema de citas, las fuentes con las que han sido elaboradas.

Juan de la Cueva

Los amores de Marte y Venus

Barcelona 2024
Linkgua-ediciones.com

Créditos

Título original: Los amores de Marte y Venus.

© 2024, Red ediciones S.L.

e-mail: info@Linkgua-ediciones.com

Diseño de cubierta: Michel Mallard.

ISBN rústica: 978-84-9953-309-4.
ISBN ebook: 978-84-9953-308-7.

Sumario

Brevísima presentación

La vida

Juan de la Cueva de Garoza (Sevilla, 1543-1612). España. Vivió en Cuenca, en Canarias y en México entre 1574 y 1577; a su regreso a España empezó a escribir dramas. Se inspiró en el Romancero y en la mitología grecolatina y adoptó temas históricos y legendarios.

Escribió además veinticinco sonetos, varias églogas, una elegía, una sextina, tres madrigales y dos odas, que aparecen en el cancionero *Flores de varia* poesía. El *Ejemplar poético*, escrito hacia 1606 y dividido en tres epístolas, es un arte poética manierista en tercetos encadenados. Otras obras suyas son *Viaje de Sannio*, poema de crítica literaria; *La Muracinda*, una narración épica burlesca de una venganza entre perros y gatos en endecasílabos blancos, el poema mitológico en octavas reales *Llanto de Venus en la muerte de Adonis*, y la narración mitológica burlesca en octavas reales *Los amores de Marte y Venus*. Una colección de sus poemas fue publicada como *Obras de Juan de la Cueva* (Sevilla, 1582) y sus romances aparecen en *Coro Febeo de Romances historiales* (1587). También le tentó la épica culta, y escribió el poema en veinticuatro cantos *La conquista de la Bética* (Sevilla, 1603), que describe la conquista de Sevilla por Fernando III el Santo.

Se conservan además unas catorce piezas dramáticas en cuatro jornadas, de las cuales las más relevantes son *El infamador*, cuyo protagonista prefigura el arquetipo del Don Juan clásico y que introduce personajes alegóricos, *El Saco de Roma*, *La muerte del Rey Don Sancho*, *La libertad de*

España por Bernardo de Carpio y la *Tragedia de los siete Infantes de Lara*. Estas junto a otras fueron publicadas en 1583 con el título *Primera parte de las tragedias y comedias de Juan de la Cueva*.

Los amores de Marte y Venus

A Don Enrique de la Cueva

La red que con ingenio y sutil arte
a la madre de Amor y la belleza
prendió, y en nudo estrecho ligó a Marte,
en sujeción poniendo su fiereza,
el ruego de los dioses que desparte
del ígneo dios la saña y aspereza,
la red suelta, el insulto perdonado,
será de mi terrestre voz cantado.

Deste deseo que me enciende y mueve,
deste ardor que me lleva tras su efeto
forzado, a que mi débil fuerza pruebe
una empresa tan grave cual prometo,
inspirado del coro de las nueve,
y del retor a quien está sujeto,
la voz levanto, el plectro humilde templo,
dando del caso memorable ejemplo.

Recebid pues, señor, el don indino
que os ofresce mi musa temerosa
y admitildo con ánimo benino
cual es a mi deseo debida cosa.
Que siempre al grato ánimo es más dino
que el don la voluntad, y más preciosa;
que si vos lo acetáis espero el premio
que me asegura del mortal apremio.

Será posible a la rudeza mía
si le dais vuestro aliento soberano
que eceda al que cantó en dulce armonía
la vitoria greciana y fin troyano.
Que adonde aspiro y mi deseo me guía
llegue, que será más que vuelo humano,
que no demanda menos el sujeto
que con vuestro favor cantar prometo.

Venció el amor y hermosura inmensa
de la diosa en Idalio venerada
al invencible Marte, que en ofensa
de Vulcano, ocupaba su posada.
A su ardiente querer no hubo defensa,
ni su voluntad fue menospreciada;
antes aceta de la bella diosa,
que era madre de Amor, y ella amorosa.

Gozábanse los dos sin que les diese
el ausente marido sobresalto,
ni con solicitud los requiriese
en sus contentos con celoso asalto.
Lemnos era ocasión que se impidiese
en sus ardientes oficinas, falto
del cuidado amoroso, que encendía
a su amada mujer que le ofendía.

Con sus desnudos cíclopes, al fuego
estaba, el duro yunque golpeando,
armas haciendo al fiero bando griego
o el presto rayo a Júpiter forjando.
Sin dar descanso ni tomar sosiego

fragua, yunque, y martillo trabajando,
por un compás temblar haciendo el puesto
donde se vio primero el uso de esto.

Deste trabajo a que asistía Vulcano
su mujer Venus poco cuidadosa,
acudía a su gusto libre y vano,
a su torpe placer, y no a otra cosa;
el deleite tenía en ella mano,
la gala y compostura artificiosa
remedio que enseñó Naturaleza
para suplir las faltas de belleza.

Aunque usar Venus desta compostura
era superfluo, por estar enella
de las Gracias la eterna hermosora,
y de las diosas la beldad más bella,
no olvidaba el ornato, que asegura
lo natural, y así que podían vella
el rostro aderezaba soberano,
las hebras de oro y la hermosa mano.

Esto con la belleza soberana
un efeto causaba poderoso,
que ni suerte divina, o fuerza humana
dejaba libre el rostro milagroso;
del tracio dios la saña horrible allana,
el brazo liga siempre vitorioso,
y así cativo della, ante ella puesto
dice, rendido al soberano opuesto:

«Oh luz del tercer cielo, y diosa eterna,

hija de Jove, y madre de Cupido,
cuyo ecelso poder rige y gobierna
lo terrestre, y el trono más subido;
si a mi ardiente querer voluntad tierna
muestras, si no me ofendes con tu olvido,
eternamente te seré sujeto,
y humilde estar a tu querer prometo.

Bien ves, que mi gallarda bizarría
cualquier buen tratamiento se le debe,
cualquier favor, cualquiera cortesía,
por la fe sola que a mi alma mueve,
y por ella, oh Citerea, diosa mía
te juro, que el temor que me conmueve
es entender que no meresco verte,
ni sé cuál debo, y es razón quererte.

Supla tu celsitud, diosa querida,
lo que en esto faltare, aunque el deseo
en mí no faltará, u antes la vida
si de un dios puede Muerte hacer trofeo;
y si hará primero que movida
sea mi fe, del puesto en que la veo,
y el jayán que está en Etna sepultado
tendrá sosiego, y Jove al suelo echado.

Y no entiendas que es tanto lo que digo,
cuanto lo que reservo, y decir puedo;
desto puedes tú sola ser testigo,
que a mí el decirlo no me deja el miedo;
y más, cuando recelo a mi enemigo
Vulcano, por quien yo mil veces quedo

privado de la luz de tu presencia,
huyendo dél, haciendo de ti ausencia.

Aquí, rompe el honor del sufrimiento
las cuerdas, y el furor ardiendo en ira
me incita a que en tu bello acatamiento
haga lo que el furor y amor me aspira;
que no puedo llevallo sin tormento
ver, que tu celestial belleza mira
un cojo, un feo, de tisne y humo lleno,
que en nada es nada, y para nada bueno.

Desto me indino contra mí, que adoro
esa belleza, sin poder ser parte
que no goce tal mostro tal tesoro,
que solo es dino que lo goce Marte;
Marte te adora, y contra el alto coro
moverá guerra, si entendiere darte
gusto, y al mesmo Jove en nombre tuyo
desposeerá del alto reino suyo.»

Diciendo Marte estas razones, queda
transpuesto en Venus, la cerviz rosada
(del brazo que al furor el poder veda)
en torno estrechamente rodeada.
Venus las oye, sin que en ellas pueda
el afición, ni los desgarros nada;
que los desgarros del amante fiero,
son de menos efeto que el dinero.

Oyendo a Marte estaba las razones
la diosa que premió el pastor en Ida

y queriendo atajar tantos blasones
los labios mueve donde Amor se anida,
diciendo: «bien sé, Marte, tus pasiones,
bien conosco que soy de ti querida:
que por mi causa arruinaras un mundo
y saquearas el cielo y el profundo.

Estremos son de quien cual tú publica
que quiere tan perdida y ciegamente
y a la pasión de amor solo se aplica
y en ella sufre y siempre está obediente.
Mas lo que en estas causas testifica
que es amor más seguro y ecelente,
es hacer más, y los que hablan menos
para amantes y amados son los buenos.

Que a las mujeres el regalo tierno
agrada más que el desgarrar horrible,
el bien las pone en cativerio eterno,
con él es la más áspera apacible;
que no adquieren con armas el gobierno
de la mujer, que es animal terrible,
indómita por tal, que no domella
por rigor, ni virtud sacarán della.

Trata el amor que es blando con blan-
duras,
deja la espada para las batallas;
así con las mujeres aseguras
el crédito, si aspiras a tratallas.
Convierte las fierezas en dulzuras,
en libertad el uso de apremiallas,

en dones los asombros y temores,
en sufrimiento oprobrios y rancores.»

Quedó Venus llegando a decir esto
con desdeñoso y áspero semblante
porque tuvo osadía en aquel puesto
a afrentar a Vulcano el libre amante;
yerro del que tal hace manifiesto
menospreciar competidor delante
de la dama, que suele al que desprecian
quedar en posesión por el que precian.

Del proceder de Venus quedó Marte
pavoroso, entendiendo su desgusto
y que su libre proceder fue parte
de desgustarla en ocasión de gusto;
quiere enmendar el yerro que desparte
el amistad, que llama eceso injusto;
recoge el brazo, el rostro allega della
al suyo y los purpúreos labios sella.

Así el enojo reconcilia y mueve
la voluntad airada en mansedumbre;
al ministerio fiera no se atreve
la ira, prevertiendo su costumbre.
El amante el nectáreo aliento bebe
del bello cerco a la febea lumbre
sin recato, entendiendo que su insulto
era por ser en casa al cielo oculto.

Oh dulzuras de amor que en tantos daños
a parar vienen vuestros torpes gustos,

las amistades rotas, los engaños
y los placeres vueltos en desgustos;
los contrarios efetos, los estraños
fines, que a veces siguen los más justos,
y del camino verdadero tuercen,
sin que razón ni otros respetos fuercen.
En este torpe amor los dos andaban
revueltos, ya el enojo despedido,
y de tal modo entrambos lo olvidaban
como si entre ellos nunca hubiera sido;
las encendidas almas regalaban
aunque no estaba en ellos el sentido
para sentir, porque el dulzor suave
los turbaba y rendía el sueño grave.

Viendo el Sol, (a quien nada hay encu-
bierto
y dondequiera entra libremente)
el adulterio oculto, descubierto,
porque a sus rayos todo está presente;
ardiendo en ira, viéndolo tan cierto
y de invidia haciéndose impaciente,
quisiera (a no ser dioses como estaban)
vengar dándoles muerte al que afrentaban.

Míralos en infame nudo asidos,
revuelve el rostro y huye de mirallos;
quiere volver los rayos esparcidos
y oscurecer el día por tapallos;
gime el horrible insulto, suspendidos
de su veloz carrera los caballos,
para volverse atrás, cual hizo huyendo

por no mirar de Atreo el hecho horrendo.

Prueba en dudoso imaginar dar vuelta
al rojo oriente y que fenesca el día,
y así la rienda al rubio Piroo suelta
para que vuelva a do empezó su vía;
muda de acuerdo y vuelve la revuelta
rienda, sin que la presta fantasía
repose, ni en el caso halle acuerdo
que cual conviene le paresca cuerdo.

Lleno de horror y confusión estaba,
eligiendo ora un medio ora otro medio
y el que más para el caso le cuadraba
le parecía al punto mal remedio;
cual roca al mar en quien su furia brava
hiere, a sus duros golpes puesta en medio,
que por un cabo y otro con frecuencia
le aqueja el mar y el viento con violencia.

Tal está Apolo, en mil cuidados puesto,
gravemente de todos aquejado,
por un cabo la invidia con molesto
estímulo, en furor lo enciende airado;
por otra parte, ver en aquel puesto
a Marte, y dél, Vulcano injuriado,
lo indina, turba, y tiene de tal modo
que sin determinarse duda en todo.

No sabe en tanta suspensión qué haga,
ni si se vuelva o su camino siga:
como si a él solo aquella infame llaga

tocara, que así della se fatiga;
de su encendido pensamiento apaga
la ardiente llama y su furor mitiga
con un acuerdo resoluto y fiero
que es del caso hacerse mensajero.

Determina ir a Lemnos a dar cuenta
del oculto adulterio al dios Vulcano
testificando su injuriosa afrenta,
que venga y que se vengue de su mano.
Sin detenerse punto, con violenta
priesa, instigado de furor insano,
que lo arrebata en ciego desatino
a Lemnos hace desde allí camino.

No considera si tan triste nueva
sería con gusto o con desgusto oída,
pues ni razón ni autoridad aprueba
una cosa tan libre y atrevida;
demás, de que al que tales nuevas lleva
con odio es su embajada recebida,
y en odio queda y en perpetua nota
porque infidelidad libre denota.

A su determinado pensamiento
ninguna razón justa lo refrena
para volvello de tan mal intento,
pues era ofensa y era culpa ajena;
que si de su poético convento
ninguno destos era, ¿qué condena
su furia? y si lo fuera por ventura
sufriera cual lo hace con blandura.

Que quien ve profanar el sacro coro
de mil gentes indinas de mirallo,
y al que le agrada el virginal tesoro
de sus Musas, acude a saqueallo;
bien se ve cuán bien guarda este decoro
cuando las trujo Baco (sin honrallo)
en su ejército, y ellas le cantaban
y entre la soldadesca se alojaban

Esto fuera más justo que sintiera
y cual era razón lo remediara
y a la chusma poética pusiera
freno, y tantos abusos reformara;
que si Venus está de esa manera
oficio es suyo y fama suya clara
y quizá su marido lo sufría
por su honor o miedo lo encubría.

Y siendo por ventura desta suerte
poco le iba a Febo en publicallo,
que no es justo al que duele un dolor fuerte
dalle con él, ni al mísero aquejallo.
Bien conocía Vulcano que era muerte
a Venus su mujer, vello y tratallo,
por ser después de sucio, feo, y cojo,
para galán desgalibado y flojo.

Deste conocimiento (por ventura)
resultaba el estar ausente della,
y aunque con tanto riesgo era cordura
pues no lo quería bien, no querer vella;

no como el loco amante que procura
más a la que más huye, y da en querella
por la misma razón que ella lo olvida,
consume en llanto, y en dolor su vida.

Oh miserables amadores vanos,
oh vanos amadores miserables,
que así seguís los males inhumanos
y a los que os dan tormentos espantables;
y como si se usara haber vulcanos
que no siendo amorosas y tratables
no las siguieran, ni se dieran nada
por la más bella, libre, y confiada.

Yo sé que no estimaran en tan poco
al que merece más, ni se adorara
el que merece menos, ni por loco
tuvieran al que muestra su ansia clara;
en sentimento desto me provoco
a saña, y como libre disparara;
mas refréname ver que me desvío
del propósito y fin adonde guío.

Vulcano estaba en su oficina ardiente
entre el humo, el carbón, la tizne y fuego,
con hervor, y con priesa diligente
privando a sus ministros de sosiego;
y viendo que venía el Sol luciente
a hablalle, dejó la fragua luego,
y al delantar, la tizne sacudiendo,
se limpia el rostro y sale así diciendo:

«Bella forma, que das la luz divina,
cercando con eterno curso el cielo,
por donde sino tú nadie camina
ni ve las cosas que produce el suelo.
¿Qué buena suerte o dicha mía encamina
que vea en mi casa al sacro dios de Delo,
cuya venida estimo yo en más precio
que la divinidad de que me precio?

Mira qué es lo que vienes a mandarme
que aquí me tienes presto a tu servicio,
sin poder de tu gusto desviarme,
pues es lo que yo estimo y más codicio.
Y si venir a Lemnos a buscarme
te trae alguna cosa de mi oficio,
aquí tienes saetas, rayos, mazas,
fuertes escudos, yelmos y corazas.

Si no te satisface nada desto,
carros, cetros, diademas puedo darte
sin otras cien mil cosas que muy presto
en tu presencia puedo presentarte.»
Diciendo esta razón, señaló presto
donde tenía cada cosa aparte;
mas el délfico hijo de Latona
al siciliano herrero así razona:

«No es la ocasión de mi venida a verte
(oh poderoso rey y dios del fuego)
a demandarte armas, ni a ponerte
por lo que toca a mí, en desasosiego;
tuya es no más la prenestina suerte,

a ti demanda que le acudas luego
con priesa, y así un punto te reporta,
y escucha atento, oirás lo que te importa.

Bien quisiera, oh Vulcano, hermano mío
(que de darte este nombre no rehuyo,
pues el rey del sidéreo señorío
me engendró a mí, y él mesmo es padre tuyo)
no venir a contarte un desvarío
tan grave, que el horrible efeto suyo
temo, y de no acudir a descubrillo
mayor inconveniente hay que en decillo.

Lo uno miro y en lo otro advierto,
el riesgo y el trabajo considero,
la grande ofensa de que esté encubierto,
la justa mengua si encubrillo quiero;
lleno de dudas, pavoroso, incierto,
me tiene el caso atroz, horrible, y fiero,
de suerte, que al hablarte me lo impide
la venganza, y que hable el caso pide.

Este, que así me trae pavoroso,
la lengua me desata y pone aliento
para decirte el trance vergonzoso
en que te pone un libre atrevimiento,
tu mujer Venus, cuyo amor fogoso
te trae fuera de ti, tras su contento,
la voluntad siguiendo y gusto della,
desvelándote en cómo has de querella.

Esta, que amas tan perdidamente,

y por quien tantos males te han venido,
por quien te ves en odio de la gente,
y de los dioses siempre escarnecido,
por quien estás a la hornaza ardiente,
entre tiznados cíclopes metido,
mientras ella rendida al vil deleite
se ocupa en solo el atavío y afeite.

Esta pues que tú honras y amas tanto
te ofende, menosprecia y te deshonra,
sin cuidar de tu afán ni tu quebranto,
compra el contento suyo con tu honra;
Marte el desgarrador, que pone espanto
oír su nombre, adulterando te honra
con Venus, sin mirar honor ni puntos
los dejo a entrambos en tu casa juntos.

Acude presto a remediar tu ofensa,
pague ya éste insolente y ésta aleve,
la maldad disoluta y culpa inmensa
injusta en ti, pues tanto amor te debe;
no te suspendas más, la suerte piensa
de castigallos, pues el tiempo es breve
y quedan de la suerte que te digo,
dentro en tu casa, de que soy testigo.»

Oyendo a Febo estaba el dios Vulcano,
y de aquejado, sin valor ni brío,
se le cayó el martillo de la mano
y todo se cubrió de un sudor frío;
quiso hablar, y aunque probó fue en vano,
que el dolor poseía el señorío

del corazón, y el corazón ligaba
la lengua, y casi muerto y mudo estaba.

Estando así suspenso desta suerte
el dios que en Lemnos tiene la oficina,
sin dejarle hablar el dolor fuerte
que le causó la nueva repentina,
de agua abundante por el rostro vierte
un Tanais, que por medio dél camina,
la tizne, el humo, el polvo humedeciendo
que con el agua dél, venía cayendo.

Cual suele la boreal furia trabando
con las húmidas nubes cruda guerra,
que de repente abriéndose y lanzando
el agua que en su cóncavo se encierra
de las enhiestas cumbres abajando
cuanto delante halla, hoja o tierra
lleva, cual de Vulcano el llanto hacía
en hollín, humo, y tizne que tenía.

Trabado de su angustia y su fatiga,
la humidad enjugando de los ojos,
respondió: «no sé, Apolo, qué te diga,
rendido a mi deshonra y mis enojos;
porque esperar de aquélla mi enemiga
otro bien, ni alcanzar otros despojos
es yerro, cual el tuyo ha sido en darme
nueva tan triste para así afrentarme.

Bien pudieras dejar de darme cuenta
si a mi mujer esa flaqueza viste,

que no se ha de llevar nueva de afrenta
al que se afrenta, ni de pena al triste;
mas ya que tu embajada me presenta
la ofensa que tú solo ver pudiste,
por la inviolable Estigie ante ti juro
que yo la vengue bien o sea perjuro.»

Diciendo esta razón dio vuelta, y luego
su diurna carrera Apolo sigue,
ajeno del mortal desasosiego
de que fue causa que a Vulcano instigue,
ardiendo en saña y en celoso fuego
que a mil cosas le incitan que se obligue,
sin saber elegir cuál fuese buena,
que la razón se turba con la pena.

Gime profundamente, y del celoso
pecho, suspiros sin parar derrama,
la larga barba arranca desdeñoso
y en su favor los altos dioses llama;
triste, despavorido, cuidadoso,
pensando cómo restaurar la fama,
el pie puso en el yunque y en la mano
dejó el rostro inclinar de húmido cano.

Un largo espacio estuvo así parado
lleno de confusión y pensamientos
sin ser señor de sí, todo ocupado
en la causa cruel de sus tormentos;
mas de la suspensión siendo apartado
un poco, y prosiguiendo en sus intentos
que eran vengar de Marte la osadía

y de Venus la infame alevosía.

Como pudo tener discurso alguno
contempló la maldad y el torpe hecho
sin que entre mil consuelos halle uno
que la saña mitigue de su pecho.
Después de aquel pensar tan importuno
sale lleno de ira y cruel despecho
cual río represado en angostura
que no deja al salir cosa segura.

No halla cosa que su ira apoque
aquejado, confuso, sin sosiego,
sin dejar instrumento que no toque,
da voces, pide hierro, carbón, fuego;
temiendo que la saña le provoque
a nueva ira, presurosos luego
acuden sus herreros sicilianos
con los pesados machos en las manos.

Como los viese a su querer dispuestos
los fuertes miembros para el fin desnudos
mirando a todos los turbados gestos
les dice, viendo como estaban mudos:
«ahora cumple, amigos míos, ser prestos
no en hacer petos ni en forjar escudos,
mas en hacer con diligencia presta
una obra, en que tengo la honra puesta.

No es hacer rayos al retor superno,
que del sublime alcázar vitorioso
lanzó con ellos al sulfúreo infierno

el escuadrón terrestre numeroso
y castigando con tormento eterno
el sacrilegio horrible y espantoso,
a Ormedón, a Encélado y Tifeo
puso cual veis, y al triste de Alcioneo.

Tampoco quiero, a Palas soberana
otro egis hacelle, ni a Neptuno
nuevo tridente, con que la inhumana
furia, aplaque del mar fiero importuno,
ni de lucientes formas a Ariadna
otra corona, ni collar ninguno
cual a la otra adúltera, ni quiero
a Eneas dar armas, ni a Diomedes fiero.

Estas obras dejad ahora, amigos,
y acudamos a otra que inquieta
mi espíritu, y a dos mis enemigos
contrastemos con obra más perfeta;
quiero aclararme y que seáis testigos
de mi pasión y voluntad secreta.
Brontes y Paracmón, estadme atentos,
tú, Estéropes, escucha mis intentos.

Suspende tú, oh Aemónides, el duro
y pesado martillo, arrima el pecho
al grueso cabo, que te doy seguro
que ha de afligiros mi afrentoso estrecho;
en el cual, por la Estigie oscura os juro
que he de quedar vengado y satisfecho
de la ofensa que el tracio dios me hace
y del contento que a mi esposa aplace.

Sabréis, oh fuertes cíclopes, que ahora
cual vistes, el gran dios que nos da el día,
me dijo, (ay triste dicho, ay triste hora)
una infame, una horrible alevosía:
que aquella ingrata, a quien mi alma adora,
aquella desleal y mujer mía,
aquella por quien yo me veo abatido,
menospreciado, odioso, escarnecido.

Y no contenta de este infame daño,
desta injuria tan grande y afrentosa,
por nueva vía, por camino estraño,
acrecienta mi pena trabajosa.
Esta no es presunción ni es falso engaño,
procedido del alma mía celosa,
mas es verdad que en este mesmo punto
vio a Marte, Apolo, estar con Venus junto.

De aquí nace mi ardiente desconsuelo,
de aquí mi llanto y confusión terrible;
de aquí el deseo (aunque se indine el Cielo)
de vengarme y vengar mi oprobrio horrible;
que no me pone límite mi duelo,
ni para el fin que intento habrá imposible
si la celeste máquina cayere
sobre mí, y Jove al centro me hundiere.

Solo quiero que vuestra diligencia
no me falte, pues della fue contino
ayudado, y siguiendo mi presencia
saldré con lo que en esto determino;

aquí el engaño ha de mostrar y ciencia,
y la parte que tengo de divino,
una red fabricando con tal arte
que sin ser vista, a Venus prenda y Marte.

Cuando juntos los tenga, haré luego
lo que reservo a mí para aquel punto,
vosotros dadme acero, encended fuego,
fuelles, martillos y agua tené a punto.»
Los cíclopes sin punto de sosiego
lo uno y otro le pusieron junto,
y en torno dél, cuál forja, cuál enciende,
cuál templa y cuál la larga hebra estiende.

Juntan varios metales, que al ardiente
calor, se regalaban y corrían,
con artificio y priesa diligente
delgadas hebras para el fin hacían;
igualaba la obra al ecelente
ingenio, y tan sutiles las tendían
que ecedían a Aragne en sutileza
y engañaban la vista en delgadeza.

Vulcano las revuelve, y entreteje
unas con otras, con destreza y arte,
y una nudosa red enlaza y teje
que cogía y largaba a cualquier parte;
diole un color que aunque la tienda y deje
donde en ella coger pensaba a Marte
no pudiese ser vista ni entendida
sin ver primero su intención cumplida.

Fue tal la priesa que en la obra puso
y tal la diligencia en no dejalle
sus cíclopes, que así en lo que propuso
ellos así acudieron a ayudalle.
Acabada la obra se dispuso
de hacer la esperiencia y en la calle
puesto, la red envuelve, y al momento
de Lemnos parte a efetuar su intento.

A esta sazón estaban los rendidos
amantes, entregados al sabroso
dulzor de Venus, ciegos los sentidos
cual los pone aquel fuego deleitoso,
descuidados, que estando así ascondidos
era oculto su yerro vergonzoso,
de Vulcano haciendo poca cuenta
que estaba ausente, y no sabía su afrenta.

Había la Noche con tiniebla oscura
cercado el mundo, el claro Sol quitando
el regimiento, y dándole soltura
de la cimeria gruta al sueño blando,
cuando Vulcano en su congoja dura
a su casa llegó, y considerando
estuvo un grande espacio, de qué suerte
haría su negocio, cómo acierte.

Lleno de ira y de coraje fiero
la puerta mira, y sin moverse estuvo
suspenso, el orden que tendría primero
pensando bien y en esto se detuvo;
bien quisiera coger al dios guerrero

junto con Venus, cual noticia tuvo
que los vio el Sol, mas teme si acomete
y no los prende, el yerro que comete.

Variando en acuerdos diferentes
varias cosas le ofresce la memoria
y por la mayor parte impertinentes
que le dificultaban la vitoria;
movido de celosos acidentes
ante sus ojos viendo su notoria
infamia, se resuelve en reportarse,
y entrar sin que lo entiendan, ni aclararse.

Toca la puerta quedo con la mano,
habla cuan recio puede por que sea
conocido y el torpe amador vano
se asconda, y se aperciba Citerea.
Marte conoció luego ser Vulcano
y un fiero ardor lo enciende y señorea;
toma la espada, embraza el fuerte escudo
del sobresalto y del coraje mudo.

Venus recuerda pavorosa viendo
tomar las armas furioso a Marte,
inorando la causa del horrendo
denuedo, y la ocasión que así lo aparte;
los bellos labios mueve, que vertiendo
están néctar y amor en toda parte,
y a Marte dice: «¿qué te enciende en ira?
¿A qué te armas? ¿Quién así te aíra?»

«¿No ves -responde Marte-, que a la puerta
tu marido Vulcano está llamando?
Y venir a tal hora es cosa cierta
que te viene y me viene procurando;
nuestra oculta maldad es descubierta,
tu deshonra te viene amenazando;
¿qué quieres que hagamos? Mira presto
lo que te agrada que se haga en esto.»

Del regalado lecho pavorosa
Venus saltó, confusa y alterada,
el color bello de purpúrea rosa
perdido, y la voz flaca y desmayada;
ni a decir ni a hacer acierta cosa
que para el caso le aproveche nada;
gime llena de espanto, sin que acierte
a elegir medio en tan dudosa suerte.

Tal vez la lengua que el temor le anuda
prueba a mover, y en medio del camino
le falta el movimiento y queda muda,
y ella con desmayado desatino;
perpleja en medio desta mortal duda
oyendo que a la puerta con contino
y presuroso golpear llamaba
Vulcano, y que los golpes arreciaba.

En esta duda, viendo que Vulcano
los constreñía que la puerta abriese,
sin hablar, asió a Marte de la mano
y por señas le dijo que huyese;

él, que tenía ya el camino llano,
lo hizo así, sin que sentido fuese
del celoso Vulcano; ella a la puerta
acudió, y al momento le fue abierta.

Con alegre semblante y con fingido
regalo, al tosco esposo ligó el cuello
con los hermosos brazos que han podido
rendir a Jove y a su amor traello;
la bella diosa a quien adora Gnido
con tal arte procura entretenello
por divertillo, y él la sigue y calla
dejándose llevar por descuidalla.

Desque la alteración y sobresalto
a la anudada lengua dio licencia,
y el ánimo quedó del miedo falto
que le dio del marido la presencia,
el bello rostro levantando en alto
usando de su libre preminencia
le pregunta qué causa lo traía
a tal hora y por qué no fue de día.

Él, que no menos cauteloso que ella
andaba, le responde que el deseo
era tan grande que tenía de vella
que lo traía a haber aquel trofeo;
mas que sería el apartarse della
antes que el bello resplandor cirreo
en el rosado oriente se mostrase
y las húmidas sombras desterrase.

Esto diciendo, se entra al aposento
donde tenía su amorosa cama
Venus, y la red tiende con gran tiento
cual al engaño convenía que trama;
fue en ponerla tan presto que un momento
no se detuvo, y luego a Venus llama,
que descuidada del sutil engaño
se vino a donde le esperaba el daño.

Con ella estuvo entretenido un rato
en razones, diciéndole mil cosas
sin policia, sin ningún ornato
de discreción, mas simples y enfadosas;
así se aseguraba del recato
que pudiera tener, de sus viciosas
culpas, así la iba entreteniendo,
el mortal vaso sin sentir bebiendo.

Desta suerte a la diosa divertía
el dios de Lemnos, y en abrazo estrecho
y en fingido contento la tenía,
encubriéndole así el doblado pecho;
y viendo que la noche oscura y fría
declinaba, dejando el gnidio lecho,
se puso en pie y en el camino al punto
dejando a Venus libre de su asunto.

Quedó la bella diosa Citerea
contenta, que le hubiese sucedido
cual deseaba y siempre se desea
de la que ofensa hace a su marido.
Marte, a quien la belleza señorea

de Venus, que escuchando y ascondido
había estado, a Venus volvió luego
ciego de amor, ardiéndose en su fuego,

 dícele: «oh bella diosa, a quien adora
la deleitosa Cipre, en cuya mano
la bandera está siempre vencedora
del mundo y del imperio soberano,
¿a qué atribuyes ver así a deshora
desde Lemnos venirte a ver Vulcano?
Y con presteza tal verte y dejarte
no carece de engaño ni es sin arte.

 Mas de qué arte puede usar comigo
que pueda serle de ningún efeto,
por armas, no querrá el arte que sigo,
y por cautelas, es poco discreto;
de nuestro amor no hay rastro ni testigo
que pueda deponer, todo es secreto,
todo seguro y todo me asegura
y todo me promete igual ventura.

 Así, oh bella hija del potente
retor de la celeste monarquía,
no te congoje que se esté, o ausente
que vuelva, o haga adonde dijo vía;
que contra su cautela diligente
opongo mi invencible valentía;
contra cuanto pensare mi denuedo,
y contra cuanto puede, lo que puedo.»

 Enternecido en su amorosa llama,

en su dulce pasión todo ocupado,
la blanca mano besa a la que ama,
al bello rostro el suyo muy pegado;
desta suerte llegándose a la cama
ella se acuesta y él le ocupa el lado;
y apenas en las sábanas tocaron
cuando en la fuerte red, presos quedaron.

Revuelve Marte, como el lazo estrecho
sintió oprimille, y prueba a levantarse,
firma en los brazos el valiente pecho,
y con fuerza restriba por soltarse;
era su diligencia sin provecho
que cuanto tira más, más vía ligarse
de la red y el sutil hilo asconderse
dentro en las carnes sin poder romperse.

Gime profundamente y con horrible
voz, se lastima del astuto engaño
y que no sea su poder posible
ni su deidad lo libre de aquel daño.
«Oh cielo -dice- a mi pasión terrible
endurecido, y a mi mal estraño.
¿Por qué consientes que un herrero pobre
sujete a Marte y en valor le sobre?

¿Es justo que se alabe que me tiene
en su poder con tanta infamia preso?
¿Es justo, que por arte tal se ordene
que sea con todo mi poder opreso?
¿No hay otro a quien en esto se condene?
¿Yo solo he cometido en esto eceso?

¿Yo solo debo estar desta manera?
¿No hay otro a quien condene esta red
fiera?»

   Hablando así, revuelve ardiendo en ira,
cual soberbio león que se ve asido
al fuerte nudo, y con fiereza tira
por quebrantallo, en cólora encendido;
que cuanto más trabaja y más se aíra,
más se revuelve y ve más oprimido
de la ingeniosa trampa que lo aprieta,
y nudo y lazo y red más lo sujeta.

   Mas viendo que su furia se quebranta
más de la ligadura que lo oprime
y que ya el cuello libre no levanta
con lozana altivez, se estiende y gime;
así viéndose Marte puesto en tanta
estrechez, y que el hilo se le imprime
en las carnes, suspira su fortuna
sin valerse de fuerza o de arte alguna.

   La madre del Amor también estaba
de la ingeniosa red toda cubierta
y como con la fuerza le apretaba
se queja y gime su deshonra cierta;
las delicadas carnes lastimaba
el acerado nudo, y casi muerta
se dejaba rendir al grave peso
que el delicado cuerpo tenía opreso.

   Lloraba tiernamente el afrentoso

paso, en que su fortuna la tenía
sin valelle de Marte poderoso
la industria ni la fuerte valentía
desea en aquel punto ver su esposo,
cosa que eternamente aborrecía,
confiada, que si él así la viera
de lástima y de amor se enterneciera.

Estando en su afrentosa red asidos
la diosa Venus y el soberbio Marte,
por el aire esparciendo mil gemidos,
que muestran de su pena alguna parte,
el Sol, que sus designos vio cumplidos
a dar cuenta a Vulcano apriesa parte,
lleno de gozo y ufanez de vellos
cómo hacer pudiese escarnecellos.

Iba Vulcano poco desviado
de su casa, de industria o por torpeza
de la lisión, que lo traía agravado
y le impedía andar con ligereza,
revuelto en su congoja y su cuidado
en la ocasión de su inmortal tristeza
sin poder dejar libre la memoria
de la pasión de su afrentosa historia.

Viéndolo Apolo, en alta voz lo llama
diciéndole: «Vulcano, da la vuelta,
vuelve y verás adulterar tu cama,
y en lazo estrecho a tu mujer revuelta;
asido está con ella el que te infama,
blasfemando por ver que no se suelta

de la intricada red, y desta suerte
la bella Venus queda y Marte fuerte.»

Volvió Vulcano al dios que nació en Delo,
retor de la una cumbre del Parnaso
y dícele: «pues eres de mi duelo
el testigo y del mal que injusto paso,
quita del mundo el tenebroso velo
y a tus caballos apresura el paso,
dando a la tierra tu ascondida lumbre
fuera de hora y contra su costumbre.

Pues de la oscura sombra es impedida
la pura luz, que todo lo esclaresce,
y esta maldad por ella está ascondida,
porque siempre lo malo lo aborresce,
no te detenga Jove la salida
cual hizo amando Alcmena, ven, paresce;
haz manifiesta esta maldad, y clara
de la venganza mía la industria rara.»

El dios insigne en fuego al punto parte
en diciéndole a Febo estas razones
a ver el fin de su deseo y el arte
que tuvo en dar remate a sus pasiones;
contempla a Venus y desnudo a Marte,
llorando a ella, a él echar blasones;
y este cuidado lo movía de suerte
que de cojo lo hace sano y fuerte.

No le impedía el suelto movimiento
de la quebrada pierna la torpeza,

que el deseo le da y la ira aliento,
y lo llevan con suelta ligereza;
no usaba de temor, y andar a tiento,
sintiendo en desmandándose flaqueza,
que a ver esto, aunque cojo y de pies malo,
ecediera a Filón, Canisio, y Talo.

El enojo que el alma le encendía
lo llevaba, y tal priesa en su ida puso,
que dando fin a su prolija vía,
llegó a su casa de furor confuso;
rompe con fiera saña y osadía
la puerta, entra quebrando en todo el uso
de la razón, y dice en voz subida
que fue de Jove en su alto asiento oída:

«¿Qué haces, oh retor y padre eterno,
Júpiter poderoso y soberano,
a cuyo cargo está puesto el gobierno
del imperio celeste y del humano?
Si a mi dolor y si a mi llanto tierno
no te mueves, si tu potente mano
destos dos alevosos no me venga,
causa darás que queja de ti tenga.

Abre esas puertas celestiales, mira
la infamia triste en que ofender me veo,
en mi justa razón muestra tu ira,
dame venganza deste insulto feo;
un rayo ardiente desde el cielo tira
que los eche al infierno con Briareo
que testimonio dé de mi justicia

y manifiesta haga su malicia.»

Diciendo esto Vulcano, el Sol lumbroso
abrió las puertas al rosado oriente
dando licencia al resplandor fogoso
que de la tierra la tiniebla ausente;
el hijo de Saturno poderoso
encima de su alcázar eminente
(la voz oyendo de Vulcano) al punto
se paró y su consilio todo junto.

Luego los dioses como a Marte vieron
y a Venus, sin ornato ni atavío
en la red presos, dellos se rieron
con igual libertad que señorío;
de vergüenza los rostros ascondieron
las diosas, y afeando el desvarío
de Vulcano, a su albergue se tornaron;
Jove y los dioses a do está bajaron.

De las diosas bajó la diosa Juno
mujer del alto Júpiter y hermana,
como quien no dejó en tiempo ninguno
de querer mal a Venus soberana.
Palas, que odio le tenía importuno
después que le dio el teucro la manzana
siguiendo a Juno baja a escarnecella,
vengándose de en tal afrenta vella.

Como la cipria diosa así se vía
atada al nudo y toda así desnuda,
gime, y Juno de vella se reía,

Palas la sigue y a reír le ayuda,
y dice: «si cuales la intención mía
se conociera, sin ninguna duda
a Venus cobijara con el manto
que me dio Atenas por honrarme tanto.»

El rostro escondió Venus suspirando
de ver que así riendo estaban della
las diosas a quien ella despojando
del premio, fue juzgada por más bella.
Juno dice a Vulcano: «ve aflojando
esa tirante red, pues que con ella
haces daño a las carnes delicadas
que con regalo suelen ser tratadas.»

Lleno de ira y de coraje el pecho
el insine herrero le responde
a la esposa de Jove: «satisfecho
estoy del odio que tu pecho asconde;
él ha de hacer bueno mi derecho,
pues él a lo que intento corresponde
que es conocer la justa causa mía,
fundada en justa ley, no en tiranía.

Tú gran retor del alto ayuntamiento,
que acudiste a mi afán y voz llorosa,
pues ves mi afrenta y triste acaecimiento
y en adulterio a Marte con mi esposa,
si del honor se tiene sentimiento,
si se siente una ofensa tan penosa,
padre Jove, justicia te demando
de Venus alevosa y Marte infando.

Nadie me culpará que la demande
viendo el triste espetáculo presente;
viendo una infamia y un dolor tan grande
que me consume en llanto y celo ardiente;
y así protesto, que jamás ablande
el corazón ni el ánimo inclemente;
ni de la red en que se ven revueltos
por ruego ni clemencia se vean sueltos.»

«No se debe albergar -responde Palas-
en noble pecho intento tan severo,
pues haciéndolo así, Vulcano, igualas
a las tres Furias del sulfúreo impero;
desata a Venus, vuélvele sus galas,
que su afrenta te afrenta a ti primero
y esas carnes divinas es injusto
que las toque y apriete el lazo justo.»

Comenzaron los dioses a reírse
de ver a Palas cuán doblada andaba,
y del sutil ingenio, que aún bullirse
para tomar descanso no dejaba.
Uno dijo (que pudo bien oírse):
«nunca tiene buen fin ni en bien acaba
la mala obra, y bien se ha visto en esto,
pues así alcanza el cojo al sano y presto. «

Riose Apolo y preguntó al facundo
nuncio celeste: «di, Mercurio amigo,
¿quisieras en los lazos ser segundo
por ver a Venus en la red contigo?»

«Pluguiera a Jove, hacedor del mundo,
que en cien mil lazos más viera comigo
a Venus, y que estando de aquel modo
me viera el celestial colegio todo.»

Causó a los dioses risa la respuesta
de Mercurio, y a solo el dios Neptuno
desagradó y le fue dura y molesta,
sintiendo en esto lo que allí ninguno;
oír su trisca y su jocosa fiesta
le cansaba y causaba un importuno
pesar, y así a Mercurio y Febo mira
con turbio ceño y dice ardiendo en ira:

«Si al que allí veis en nudo estrecho atado
viérades fuera de la cuerda dura
ninguno de los dioses fuera osado
a hacer burla dél con tal soltura;
desto hago al gran Júpiter culpado,
que estando aquí y en esta coyontura
se atreva nadie a escarnecer de Marte
ni a mofar dél por vello de tal arte.

Más justo fuera condoler su afrenta
y que su pena a todos diera pena,
pues la mesma ocasión que a Marte afrenta,
a todos a lo mismo nos condena;
y faltando quien esto así lo sienta,
sabio Vulcano, tu rigor refrena;
suelta la cuerda, en libertad los deja,
y con lo hecho satisfaz tu queja.»

Vulcano, en labrar hierro ingenioso,
responde así con demudado gesto:
«tridentígero rey del reino undoso,
¿tan fácil hallas la ocasión en esto?
¿No te da a ti fatiga mi afrentoso
dolor, ni te congoja mi molesto
celo, ni te provoca ni lastima
que tal carga con peso tal me oprima?

Mas una cosa en lo que pides quiero
(por lo que toca a mi sosiego y honra
ante el potente Jove), hacer primero
que es la que en esto me restaura y honra:
que a Venus que traspasa el santo fuero
de Himeneo, y cual ves, mi honor deshonra,
repudialla, y ella ha de volverme
el dote que le di para así verme.

De otra suerte será tan imposible
como nacer del ocidente el día;
la oscuridad ser más que el día apacible,
y dejar de ser Cintia húmida y fría;
el tormento cruel del reino horrible
dará descanso y le será alegría
a los dañados, antes que yo darte
sin que me paguen en soltura a Marte.»

Neptuno le replica: «si eso solo
te impide, yo la paga te aseguro,
ante el gran Jove y el sagrado Apolo
te doy la mano y de cumplillo juro;
y el regidor del uno y otro polo

me lance al espantable reino oscuro
a eterno y miserable mal sujeto,
si no cumpliere lo que aquí prometo.

   Bien puedes, oh ecelente dios del fuego,
si puede algo el amistad contigo
el acerado hilo aflojar luego,
pues a la paga por deudor me obligo;
con ese cargo, aunque en mi enojo ciego,
tu voluntad, oh gran Neptuno, sigo,»
-Vulcano respondió- y la red largando,
los ciegos nudos fueron aflojando.

   Luego que Marte en libertad se vido
y que mover los fuertes brazos pudo,
el fuerte arnés habiéndose vestido,
se caló el yelmo y embrazó el escudo;
empuñado a la espada enfurecido,
avergonzado y de coraje mudo,
resuelto de vengar su desafuero,
se fue desde allí a Tracia el tracio fiero

   Las Gracias acudieron a este punto
y cobijando a Venus la hermosa
el bello cuerpo, natural trasunto
de la beldad más rara y milagrosa;
cubierta así, su carro puesto a punto,
enderezó su vía presurosa
a Cipre, adonde siendo acompañada
de las divinas Gracias fue lavada.

   Con esto, quedó libre de la injuria

de la red rigurosa recebida
y olvidada de todos la lujuria
que fue ocasión de ser en ella asida;
mas la implacable saña y mortal furia
contra el Sol y su casta concebida
fue perdurable en Venus, cuya historia
consagra el tiempo a la imortal memoria.

Esta, si el generoso cielo aspira
a la musa, que el ciego amor de Marte
os ofrece, hará vivir mi lira
vuestra gloria cantando en toda parte;
y contra el ciego olvido y su cruel ira
serán en numeroso estilo y arte
en graves espondeos y en sagrados
dóricos, vuestros hechos celebrados.

En tanto que se cumple este deseo
(oh ecelso Don Enrique de la Cueva)
y que el puesto ocupáis en que ya os veo,
digno al valor de vuestra heroica prueba,
el don humilde del furor cirreo
acetad, que aunque humilde se comprueba
la voluntad en él con que se ofresce,
y ésta, por si que la acetéis meresce.

Fin de los Amores de Marte y Venus.

Libros a la carta

A la carta es un servicio especializado para
empresas,
librerías,
bibliotecas,
editoriales
y centros de enseñanza;
y permite confeccionar libros que, por su formato y concepción, sirven a los propósitos más específicos de estas instituciones.

Las empresas nos encargan ediciones personalizadas para marketing editorial o para regalos institucionales. Y los interesados solicitan, a título personal, ediciones antiguas, o no disponibles en el mercado; y las acompañan con notas y comentarios críticos.

Las ediciones tienen como apoyo un libro de estilo con todo tipo de referencias sobre los criterios de tratamiento tipográfico aplicados a nuestros libros que puede ser consultado en Linkgua-ediciones.com.

Linkgua edita por encargo diferentes versiones de una misma obra con distintos tratamientos ortotipográficos (actualizaciones de carácter divulgativo de un clásico, o versiones estrictamente fieles a la edición original de referencia).

Este servicio de ediciones a la carta le permitirá, si usted se dedica a la enseñanza, tener una forma de hacer pública su interpretación de un texto y, sobre una versión digitalizada «base», usted podrá introducir interpretaciones del texto fuente. Es un tópico que los profesores denuncien en clase los desmanes de una edición, o vayan comentando errores de interpretación de un texto y esta es una solución útil a esa necesidad del mundo académico.

Asimismo publicamos de manera sistemática, en un mismo catálogo, tesis doctorales y actas de congresos académicos, que son distribuidas a través de nuestra Web.

El servicio de «libros a la carta» funciona de dos formas.

1. Tenemos un fondo de libros digitalizados que usted puede personalizar en tiradas de al menos cinco ejemplares. Estas personalizaciones pueden ser de todo tipo: añadir notas de clase para uso de un grupo de estudiantes, introducir logos corporativos para uso con fines de marketing empresarial, etc. etc.

2. Buscamos libros descatalogados de otras editoriales y los reeditamos en tiradas cortas a petición de un cliente.

LK